AF250929

UNE EXCURSION

AU

CHATEAU D'ANET

AVEC QUATRE GRAVURES

PAR E. DE LA QUÉRIÈRE,

MEMBRE DE L'ACADÉMIE IMPÉRIALE DES SCIENCES, BELLES-LETTRES ET ARTS
DE ROUEN; DE LA SOCIÉTÉ D'ÉMULATION DU COMMERCE
ET DE L'INDUSTRIE DE LA SEINE-INFÉRIEURE;
DES SOCIÉTÉS IMPÉRIALE DES ANTIQUAIRES DE FRANCE, DE NORMANDIE
ET DE PICARDIE, ET DE PLUSIEURS AUTRES SOCIÉTÉS SAVANTES.

<table>
<tr><td>PARIS.</td><td>ROUEN.</td></tr>
<tr><td>Aubry, rue Dauphine, 16.
Dumoulin, quai des Grands-
Augustins, 13.</td><td>Herpin, rue Ganterie, 18.
Lanctin, r. de la Grosse-Horloge, 3
Lebrument, quai Napoléon, 45.</td></tr>
</table>

ROUEN.

IMPRIMERIE DE E. CAGNIARD,

Rue Percière, 29.

—

1862.

UNE EXCURSION

AU

CHATEAU D'ANET.

> « Il voit les murs d'Anet bâtis au bord de l'Eure (1).
> » Lui-même en ordonna la superbe structure :
> » Par ses adroites mains , avec art enlacés ,
> » Les chiffres de Diane y sont encor tracés,
> » Sur sa tombe en passant, les plaisirs et les grâces
> » Répandirent les fleurs qui naissaient sur leurs traces. »

(La Henriade, chant IX.)

Dans une vaste plaine, sur les confins du département d'Eure-et-Loir, au joli bourg d'Anet qu'arrose la rivière d'Eure, s'élevait jadis une habitation princière , bâtie, les uns disent en 1548, les autres en 1552, suivant le millésime tracé sur la niche du milieu du portail d'entrée. Ce palais avait été élevé sur les plans de Philibert Delorme , par le roi de France Henri II, pour Diane de

---

(1) Nous avons dit (*Description historique des Maisons de Rouen les plus remarquables*, etc., tome 2ᵉ, 1841) : « Ce n'est que depuis que la France a été » divisée en départements et par ignorance de la vraie prononciation de ce » mot, qu'on le prononce généralement comme *heure*. » C'est une erreur. La prononciation *ure* était générale dans le siècle dernier.

Poitiers, sa favorite, femme célèbre par son esprit, ses grâces et sa beauté.

Cette splendide demeure, que la Révolution française renversa, comme un torrent dévastateur, en même temps que les châteaux non moins admirables de Gaillon, de Madrid, de Chantilly, etc. (1), réunissait l'étendue et la magnificence des bâtiments à un luxe de décoration auquel tous les arts avaient concouru. Les artistes les plus fameux de cette grande époque du xvie siècle, ce siècle de Périclès des temps modernes, avaient été appelés pour y faire briller leurs talents et leur génie.

Diane de Poitiers avait su captiver le cœur du roi qui l'aimait si éperdûment qu'il avait voulu que l'on vît partout, dans les tournois, sur ses ameublements, dans ses devises, sur le frontispice de de ses bâtiments royaux, un croissant, des arcs et des flèches, qui sont les symboles ordinaires de Diane chasseresse.

Ces attributs allégoriques de la déesse de la chasse, et les chiffres enlacés de Diane et de Henri II se retrouvent encore aujourd'hui au Louvre, au château d'Ecouen, aux églises de Magny, de Gisors, de Nogent-sur-Seine, etc., etc.

Le château, ou plutôt le palais d'Anet se composait d'un corps de logis principal, placé au fond d'une cour carrée, et accompagné de deux ailes en retour d'équerre qui se reliaient à d'autres bâtiments moins élevés formant un quatrième côté, au centre duquel était la grande porte d'entrée.

(1) Dieu nous garde de faire ici le procès à notre grande Révolution, car depuis ce temps de trouble et d'anarchie, combien de monuments, combien de châteaux, la cupidité, ce monstre hideux et stupide, n'a-t-elle pas fait disparaître du sol français. La liste en est malheureusement si longue, que nous ne pourrions les nombrer.

Il ne subsiste plus que cette porte d'entrée et les bâtiments qui en dépendent, une seule aile et la chapelle. Le château proprement dit, ayant face au Nord sur les jardins, et au Sud sur la cour, a été rasé complètement; l'aile de l'Est, dans laquelle la chapelle se trouvait enclavée en forme de T, et dont nous avons vu les arrachements, en 1834, a été également rasée.

L'orangerie, le parc, les canaux, la fontaine de Diane ont disparu. Cette fontaine en marbre blanc, qui était au milieu du parc, est un morceau unique et de la plus grande beauté, un chef-d'œuvre de Jean Goujon où Diane de Poitiers est représentée en Diane, appuyée sur un cerf et accompagnée de ses deux chiens. Ce groupe admirable est placé dans une des salles du Musée de sculpture française au Louvre. La décoration centrale de la façade du fond de la cour, haute de 66 pieds, et composée des ordres dorique, ionique et corinthien, ornée de bas-reliefs et de sculptures de la plus grande beauté, dignes enfin du ciseau de Jean Goujon qui les exécuta, a été transportée à Paris, par les soins de feu Alex. Lenoir (1); on la voit aujourd'hui dans la cour du Palais des Beaux-Arts. A la partie supérieure, on lisait en lettres d'or, sur un marbre de Languedoc, le distique que voici :

> Splendida miraris magni palatia cœli ,
> Non hœc humana saxa polita manu.

Au troisième ordre, qui s'élevait dans la hauteur des combles, était placée une statue de Diane de grande dimension. Au sommet de ce portail, se voyaient les armoiries découpées de la famille de Brézé.

(1) Alex. Lenoir, père de M. Albert Lenoir, architecte à Paris, fut le créateur du *Musée des Monuments français des Petits-Augustins*, supprimé si fâcheusement en 1816, à l'avènement de la Restauration. C'est aujourd'hui le Palais des Beaux-Arts.

La grande porte d'entrée se présente à la vue comme un arc de triomphe. C'est un ensemble architectural dont le centre est occupé par une belle porte à deux battants rectangulaires, ornés de riches sculptures, représentant des attributs de la chasse et de la pêche. Le heurtoir, en forme d'S, et offrant une tête de chien (boule-dogue), est remarquable, ainsi que l'entrée de la serrure finement travaillée et enrichie de divers dessins, parmi lesquels on remarque un enfant et, au-dessus de lui, un croissant, des masques, des trophées, des carquois.

Cette porte est surmontée d'un tympan, en plein cintre, portant sur un linteau orné d'une table de marbre noir, et encadré par une belle archivolte dont les voussoirs sont alternativement en pierre et en marbre.

Ce tympan était enrichi, autrefois, de ce fameux bas-relief de bronze représentant la nymphe de Fontainebleau, appuyée sur un cerf et entourée de chiens et de sangliers, que Benvenuto Cellini avait exécuté primitivement pour le palais de Fontainebleau. Cette belle œuvre d'art, le plus important morceau de sculpture que la France possède de Benvenuto Cellini, a été placée au Louvre depuis la destruction du château d'Anet ; elle a occupé d'abord le dessus de la tribune des Caryatides de Jean Goujon, dans une des salles du Musée de sculpture. A présent, on la voit dans la salle dite de la Renaissance.

Sur l'archivolte s'élève un massif en attique, décoré de deux niches, aujourd'hui vides et à jour. Au centre, on voit un cadran circulaire, et au-dessus un fronton découpé en forme de console, servant de piédouche aux accessoires d'une horloge fort ingénieuse, laquelle indiquait, à la fois, les heures, les mois de l'année et les phases de la lune. Ces accessoires en bronze représentaient un cerf et des chiens qui jouaient un rôle dans cette œuvre très remarquable : le cerf marquait les heures en frappant du pied, et les chiens faisaient entendre, en même temps, leurs aboiements.

« Tous les bronzes ont disparu, mais la grande porte, ornée d'at-
» tributs de chasse et de pêche et des chiffres de Diane, est conservée
» à la même place ; la *Commission des Monuments historiques* l'a
» restaurée en 1856, et a placé dans le portail (conjointement avec
» le propriétaire), une horloge ordinaire et au-dessus un cerf avec
» quatre chiens en terre cuite peints en bronze (1). »

Cette décoration centrale est épaulée, de chaque côté, par un corps d'architecture d'ordre dorique, surmonté d'un attique, terminé en terrasse, et orné d'une élégante balustrade en pierre.

De chaque côté, à des hauteurs ou sur des plans différents, se voient encore des balustrades à jour couronnant d'autres parties en terrasse moins élevées, et qui complètent ce bel ensemble architectural, dont l'effet est encore augmenté par des marbres de couleurs variées.

Du côté de la cour, l'ordonnance, quoique offrant plus de simplicité, n'est pas moins gracieuse.

Les eaux des terrasses sont rejetées en dehors par des gargouilles en forme de vases d'un galbe fort élégant, richement sculptés, couchés de côté, l'anse en dessus. Dans la partie se dirigeant vers l'Est, se trouvaient, sous une terrasse, les cuisines qui sont presque entièrement ruinées aujourd'hui.

Un fossé converti en jardin entoure, au Sud et à l'Est, le château ou plutôt ce qui fut le château.

(1) *Le Château d'Anet.* Paris, 1860, par M. Riquet, comte A. de Caraman.

A l'Est, est une seconde entrée beaucoup plus simple , mais analogue à celle que nous venons de décrire. Cette entrée latérale est en ruine.

L'aile qui subsiste a été récemment retravaillée dans la partie qui était contiguë au château proprement dit ; on en a retranché une travée, pour cause de mauvais état. Elle est d'un grand et beau style, quoique fort simple. Elle se compose d'un rez-de-chaussée surmonté d'un étage décoré, dans sa partie centrale, de pilastres ioniques accouplés ; un grand trophée orne le milieu du mur.

Les lucarnes principales portent chacune, sur deux acrotères, les chiffres de Diane et de Henri II, enlacés et sculptés à jour.

Le pignon du sud donnant sur le fossé est flanqué, dans ses angles, de deux tourelles en encorbellement couronnées par un dôme. Au même pignon, entre les deux tourelles , une cheminée s'élève en masquant le haut toit. Elle est, comme toutes les autres cheminées de cette aile, décorée d'un fronton surmonté de trois petites boules en pierre et d'une girouette. A la base de cette cheminée , est un cartouche fort orné.

De l'autre côté de l'aile qui reste du château, en se dirigeant vers l'Ouest, sur la ligne de la grande porte d'entrée et du fossé qui la précède, est un mur cintré décoré de bossages, de tables sculptées, de statuettes, et surmonté d'un attique avec des vases élégants, très enrichis d'ornements.

En avant de ce mur était un bassin et une fontaine. Sur les côtés, dans des niches, sont des statues de femmes demi-nues , malheureusement très mutilées et privées de tête.

Tout à côté et contigus à cet endroit , sont deux pavillons , l'un attenant à l'aile dont nous avons parlé, l'autre se reportant plus loin vers l'Ouest. Dans ce dernier est un rez-de-chaussée, dont le plafond d'une beauté ravissante a été miraculeusement conservé pendant la Révolution. Dans les divers caissons, de grande dimension et en bois, dont ce compose ce plafond, on voit, peints et dorés et placés symétriquement, les armes de France, celles de la duchesse de Valentinois, le chiffre de Henri II (H couronné), celui de Diane (D aussi couronné), et trois croissants enlacés de diverses manières.

Revenons maintenant à la chapelle, laquelle se trouvait, comme nous l'avons déjà dit, dans l'aile à l'Est du château. Aujourd'hui restaurée et ornée d'une nouvelle façade d'après les plans de M. Auguste Caristie, architecte, membre de l'Institut, elle fait face à l'aile, à l'Ouest, qui est devenue le Château actuel.

Cette chapelle, échappée à la destruction, est un petit chef-d'œuvre d'architecture et de sculpture. Elle avait aussi frappé Henri Sauval, l'auteur d'un livre intitulé : *Histoire et recherches des Antiquités de la ville de Paris*. Il caractérise ainsi le château d'Anet : *Anet, admirable par sa chapelle* (Paris, 1734 ; t. 2ᵉ, p. 312, in-fᵒ).

La chapelle du château d'Anet, d'une structure régulière, en forme de croix grecque, est très soigneusement bâtie de pierres d'un grain très fin. Trois autels semblables la décoraient. C'est aujourd'hui la partie la mieux conservée du château. Elle est richement ornée de bas-reliefs représentant des sujets religieux, et divers motifs d'ornementation revêtus de dorures.

Aux plafonds d'un péristyle ou vestibule soutenu par des colonnes doriques accouplées, sont peintes sur fond d'or et sur la pierre même la Foi, l'Espérance et la Charité, de grandeur naturelle (1). Aux angles de chacun des trois plafonds est un croissant d'or. Le pavé se compose de compartiments de marbre noir et blanc : un H et des croissants en marbre noir ornent le seuil de la grande porte d'entrée qui est accompagnée de deux plus petites. Au-dessus de cette porte, sur un marbre noir, on lit l'inscription suivante :

PAVETE AD

SANCTVARIVM

La porte battante, en bois de chêne, avec des incrustations de bois étrangers, offre des entrelacs, et les chiffres H et D. Les sculptures des autres portes sont également riches et du meilleur goût. On y voit un anneau en forme de croissant, des inscrustations en marqueterie des bois alors les plus rares et les plus beaux, l'acajou, l'ébène, etc.

« Ce même luxe de sculpture et d'incrustation, dit M. Vaudoyer,
» architecte du gouvernement à Paris, existait dans toute la menui-
» serie du château, et deux portes d'Anet restaurées et replacées
» dans une des salles du premier étage de l'Ecole royale des Beaux-
» Arts ne peuvent en donner qu'une faible idée. On voit aussi quel-
» ques panneaux sculptés provenant également d'Anet dans d'autres
» parties de l'Ecole. Il existe encore dans le château même, outre
» la porte de la chapelle qui est dans un état déplorable, quatre
» autres portes sculptées et dorées qui méritent d'être soigneuse-
» ment conservées. »

(1) Ces trois figures ont disparu totalement en 1844, lorsqu'on a été obligé de démonter ce portique pour le restaurer. On n'en a conservé qu'un croquis (*Le château d'Anet,* par M. de Caraman).

Ajoutons que la porte de la chapelle a été complètement réparée en 1844, sous la direction de M. Auguste Caristie.

Deux escaliers accompagnent l'entrée principale de la chapelle, et sont extérieurement surmontés d'une masse quadrangulaire tout unie de forme pyramidale. Au sommet des deux pyramides, se voit une girouette présentant les chiffres de Henri et de Diane enlacés et découpés à jour.

La chapelle dont nous venons de décrire le vestibule est une coupole supportée par quatre arcades, et surmontée d'une campanille, ou plutôt d'une lanterne, composée de colonnes corinthiennes accouplées, sur lesquelles reposent des archivoltes. La calotte, ou dôme, est entourée d'une galerie à jour, formée du chiffre de Diane.

Le pavé, composé de marbres noirs et blancs, présente des croissants combinés de mille manières. Au centre, une rose à cercles réguliers en marbres de diverses couleurs et des plus précieux, est un chef-d'œuvre de précision. La coupole offre la même disposition de lignes, hormis que les croissants en losanges des caissons sont remplis par des chérubins. Au fond de la lanterne, qui laisse pénétrer le jour à travers des verres blancs enchâssés dans des réseaux de plomb, est une peinture grise tout-à-fait méconnaissable. Cette lanterne est terminée elle-même par un petit dôme.

Les quatre arcades de la coupole sont supportées par des pieds-droits ornés de pilastres et d'un entablement de l'ordre corinthien. Nous ferons remarquer, en passant, que les feuilles des chapiteaux ne sont pas d'acanthe, mais de laurier.

Entre les pilastres sont des niches cintrées, où l'on voyait autrefois les douze apôtres exécutés par Jean Goujon. Ces admirables sculptures sont perdues pour les arts. Les grandes fenêtres qui éclairent le fond des arcades sont également cintrées, faites de bois et dans le style du dernier siècle. Les carreaux de verre blanc de 16 centimètres environ de hauteur, ont remplacé trois admirables grisailles de Jean Cousin, représentant Jésus-Christ enseignant l'Oraison dominicale, Abraham congédiant Agar et Ismaël (1) et le combat des Hébreux contre les Amalécites, le tout orné de délicieuses arabesques, et chargé d'inscriptions. Ces verrières qui avaient été recueillies par M. Alex. Lenoir dans son *Musée des Monuments français*, ont disparu après la suppression de ce musée et la dispersion des objets d'art qu'il renfermait.

Toutes les croisées du château étaient primitivement ornées de peintures en grisaille, représentant des sujets de la fable; c'est le duc de Vendôme (Louis-Joseph), devenu propriétaire du domaine d'Anet, le 6 août 1669, qui les fit ôter et remplacer par des vitres blanches *pour obtenir plus de clarté*.

Sous les voussures des archivoltes, huit figures d'enfants portent les attributs de la Passion; sur les pendentifs, huit figures de femmes aîlées et drapées avec un goût exquis, sculptures de Jean Goujon, tiennent les unes des palmes, les autres des trompettes, et sur les frises se lisent des sentences latines. A la hauteur des arcades, et entre chacune d'elles, des niches de forme carrée oblongue figurant des fenêtres, sont occupées par les quatre évangélistes peints sur toile, de manière à imiter des grisailles sur verre.

Au-dessus de la porte d'entrée, et sur une des arcades est une tribune dépouillée de ses lambris et dont l'appui en bois est ruiné.

(1) Au rapport de M. Alex. Lenoir, Jean Cousin avait représenté Diane, pour laquelle il faisait ce tableau, sous la figure d'Agar.

Une porte richement sculptée, communiquant d'un des escaliers à la tribune, offre sur un panneau les armes de France, et sur le panneau de dessous, les armes de Diane de Poitiers, relevées de dorures, car l'or brille ici partout à profusion.

En face de la grande porte et de la tribune était l'autel, dont il n'existe pas de vestiges ; si ce n'est qu'on aperçoit à droite et à gauche deux petites sacristies qui ont conservé leurs lambris.

L'aspect intérieur et extérieur de ce monument est aussi frais que s'il était de récente construction.

Les trois faces extérieures sont bâties régulièrement et présentent, au-dessous du dôme, trois frontons cintrés. La couverture du dôme et de toutes les parties de la chapelle est en pierre.

Quatre escaliers partagent extérieurement le dôme en autant de divisions.

M. et Mme de Caraman ont entrepris la restauration de la Chapelle. Par leurs soins, la croix a été replacée sur le sommet du dôme, les autels ont été rétablis, et le 3 septembre 1851, Monseigneur Pie, évêque de Poitiers, a fait solennellement la réconciliation de ce temple domestique et consacré de nouveau l'autel principal sous l'invocation de saint Thomas, apôtre.

Il existe tout près du château une autre chapelle, dont la façade se présente sur la voie publique. C'est la chapelle sépulcrale, bâtie pour recevoir le tombeau de Diane de Poitiers. Jacques Androuet du Cerceau en parle dans son ouvrage *sur les plus excellents bâtiments de France*, comme si elle venait seulement d'être terminée (1576).

Cette jolie façade revêtue, en beaucoup d'endroits, de marbres par incrustation, se compose de quatre pilastres et d'un entablement corinthiens, que surmontent un attique fort simple avec un amortissement composé d'une espèce d'autel ou tombeau accosté de deux femmes ; un ange est au sommet, à demi caché derrière le tombeau.

Sur la porte d'entrée, sont deux Renommées tenant d'une main une trompette, de l'autre un livre ouvert et une table de la loi. Dans la Révolution, on avait écrit sur la table de la loi ces mots : *Guerre et mort aux tyrans*. On voit aux pieds de l'une de ces Renommées une tête de mort et un serpent, et aux pieds de l'autre un mouton.

Entre ces deux figures et un peu au-dessus, est un faux œil de bœuf orné de peintures.

Aux deux côtés de la porte, sont deux niches où se voient des statues de femmes, d'enfants, etc. A la porte battante, sont des carquois, des anneaux de fer figurant des croissants.

Les murs latéraux de ce petit temple sont bâtis de pierre et de brique. L'abside est demi-circulaire.

L'intérieur de la chapelle est tout-à-fait nu. Le tombeau de Diane, qui en avait été enlevé à l'époque de la Révolution, avait été recueilli en débris par Alex. Lenoir que nous avons déjà cité. Depuis la suppression du *Musée des monuments français des Petits-Augustins*, ce tombeau de marbre noir, avec la figure de Diane, à genoux, œuvre de Boudin, sculpteur très peu connu, a été placé dans le parc de Neuilly, par la famille d'Orléans.

Le sanctuaire était orné de la représentation sur émail des douze apôtres, que Léonard Limosin avait exécutés en 1545, pour la chapelle de Fontainebleau. Henri II avait voulu que l'on employât ces magnifiques émaux à la décoration de la chapelle sépulcrale d'Anet, que Diane elle-même avait fait ériger sous l'invocation de la Sainte Vierge. Ils ont été donnés en 1802, par l'administration du département d'Eure-et-Loir, à l'église de Saint-Père de Chartres, où nous les avons vus dans la chapelle de la Vierge, derrière le chœur de cette église.

Le cachet que portent les constructions d'Anet est celui du talent le plus élevé uni à la science la plus profonde. C'est le génie, le génie créateur, rempli du feu sacré des beaux-arts, qui a présidé à toutes ces merveilles. On ne se lasse point d'admirer la beauté et la régularité des plans, la pureté des lignes et des moulures, le goût exquis et le fini des sculptures, la majesté des masses, la richesse et la grâce des détails.

« Des statues représentant les divinités mythologiques, des bustes
» des Empereurs et des grands hommes de l'antiquité grecque ou ro-
» maine, étaient répandus à profusion et sur les façades et dans les
» jardins. Les combles étaient décorés de crêtes dorées. La croix de
» fer qui surmontait le dôme de la chapelle était considérée comme
» un chef-d'œuvre de serrurerie. A l'intérieur, c'étaient bien
» d'autres richesses encore.

« La menuiserie des lambris, des portes et des plafonds, avait
» été composée et travaillée avec un art et une richesse infinis; on
» avait su marier aux bois indigènes des bois étrangers de toute
» espèce, apportés, à grands frais, des pays les plus lointains; les
» verrières, peintes avec réserve, adoucissaient la vivacité de la
» lumière, et de toutes parts, l'éclat des dorures et de l'émail
» chatoyait à la vue. De riches tentures couvraient les murailles là
» où la peinture n'avait pu trouver place » (1).

Faut-il s'étonner de l'accumulation de tant de chefs-d'œuvre dans un même palais, si l'on songe que les hommes les plus habiles

(1) *Le Château d'Anet*, par M. de Caraman, p. 166-167.

que la France ait jamais possédés, les Philibert de Lorme, les Jean Goujon, les Germain Pilon, les Jean Cousin, ces maîtres de l'architecture, de la sculpture et de la peinture au XVIᵉ siècle, concoururent par la réunion de leurs talents à la merveilleuse création d'Anet, que les vers de Voltaire ont immortalisée ? (1)

A l'aspect de ces lieux, aujourd'hui si désolés, l'âme est attristée ; et quand on se reporte au temps où ils furent témoins des magnificences d'une vie consacrée aux plaisirs et à toutes les jouissances de la grandeur, on gémit sur l'instabilité et l'inanité des choses d'ici bas (1).

L'origine du château d'Anet est fort ancienne. Le nom d'un seigneur de ce nom, Simon d'Anet, se lit dans des chartes de 1169. Vers l'année 1340, le comte d'Evreux, fils de Philippe-le-Hardi, devint possesseur de ce domaine. En 1444, Charles VII, pour reconnaître les services que lui avait rendus le grand sénéchal de Normandie, Pierre de Brézé, lui fit, entre autres dons, celui de la Châtellenie d'Anet.

A Pierre de Brézé succéda Jacques de Brézé, son fils, qui avait épousé Charlotte de France, fille de Charles VII et d'Agnès Sorel.

Enfin, Louis de Brézé, comte de Maulévrier, grand sénéchal de Normandie, fils de Jacques, hérita du domaine d'Anet. Il épousa en

(1) Mon ami et excellent confrère à l'Académie de Rouen, M. L. Desmarest, architecte du département de la Seine-Inférieure, a dessiné une vue générale de cette résidence princière dans l'état où elle se trouvait primitivement.

Son dessin, d'une pureté et d'une finesse admirables, a été gravé pour le *Magasin Pittoresque*, année 1843. Il accompagne des *études d'architecture* en France, rédigées par M. Vaudoyer, architecte du Gouvernement, lequel a dessiné le tombeau de Louis de Brézé.

TOMBEAU DE LOUIS DE BRÉZÉ (CATHÉDRALE DE ROUEN).

deuxièmes noces, le 29 mars 1514, Diane de Poitiers, fille de Jean
de Poitiers, seigneur de Saint-Vallier, qui n'était âgée que de qua-
torze ans ; elle était née en 1499. Diane avait trente-deux ans quand
elle perdit son époux. Son union avec lui avait été irréprochable ;
elle lui voua, pendant toute sa vie, une marque touchante de son
fidèle attachement, car elle ne quitta jamais ses habits de deuil, et
Henri II souffrit que la mémoire de celui qu'il remplaçait dans le
cœur de sa veuve fût incessamment rappelée par la statue de
Louis de Brézé, de grande dimension, et par les vers suivants gravés
en lettres d'or sur un marbre noir qu'elle avait fait placer au château
d'Anet :

> Brezœo hœc statuit pergrata Diana marito
> Ut diuturna sui sint monumenta viri.

Diane reconnaissante a élevé ce tombeau à Brézé, son époux, afin qu'il
restât un souvenir durable de lui.

Elle fit ériger à la mémoire de Louis de Brézé, dans la chapelle de
la Vierge de la Cathédrale de Rouen, un mausolée magnifique (1),
chef-d'œuvre de l'art, modèle admirable, où elle-même s'est fait
représenter de grandeur naturelle, agenouillée et priant près du
sarcophage où est le corps de son mari figuré nu, et étendu sur
un linceul (2).

Vis-à-vis de la statue de Diane, à l'extrémité opposée du sarcophage,
on voit une autre statue de femme portant un enfant. Quelques per-

(1) Le tombeau de Louis de Brézé est peut-être dans son genre, parmi les
chefs-d'œuvre que possède la France, le plus excellent que l'art moderne,
ou art français, ait produit en s'inspirant de l'antiquité.

(2) Ce morceau de sculpture en albâtre est d'une étonnante perfection. Il
est attribué à Jean Cousin, ou à Jean Goujon, mais plutôt à Jean Goujon.

sonnes n'admettent pas, ainsi que l'a dit M. A. Deville , dans son curieux ouvrage sur les *Tombeaux de la Cathédrale de Rouen* , que cette femme fortement constituée, espèce de virago, soit la Sainte-Vierge, ni que cet enfant, demi-nu , gigottant, soit l'enfant Jésus. Elles aiment mieux voir dans ce groupe M. de Brézé aux bras de sa nourrice : ainsi se trouveraient rapprochées la naissance et la mort du grand sénéchal de Normandie. L'auteur appuie son opinion sur ce que la figure de Louis de Brézé mort et celle qui le représentait en habit de comte, étaient tournées vers la statue de femme dont nous parlons, et que cette double prière semblait sortir de leur bouche :

Suscipe preces, Virgo benigna.

« Reçois nos prières, Vierge bénigne. »

et

Misericordes oculos ad nos converte.

« Tourne vers nous tes yeux miséricordieux. »

« Pour achever de lever tous les doutes. dit M. Deville, nous » ferons remarquer l'analogie complète qui existe entre cette statue » et la figure en plomb de la Vierge qui est placée sur le faîte de la » chapelle même de la Vierge, tant sous le rapport de la composi-» tion du groupe que sous celui du caractère et du costume de la fi-» gure principale; la ressemblance est frappante. Il y a plus, le » faire et le dessin en sont tellement identiques, que nous n'hési-» tons pas à attribuer l'exécution de ces deux morceaux au même » artiste. (1) »

Ces raisons nous paraissent péremptoires. On sait, en effet, que les artistes du xvie siècle se permettaient souvent des écarts contre le goût et la bienséance. J'ai vu. il y a une trentaine d'années, à

(1) *Tombeaux de la Cathédrale*, par A. Deville, p. 112-113.

Sainte-Gertrude, près de Caudebec, église alors abandonnée, une statue de grandeur naturelle représentant la sainte Vierge allaitant l'enfant Jésus par une échancrure pratiquée à sa robe et qui laissait voir le sein à découvert.

Une figure en pied de Louis de Brézé se voyait appuyée à la muraille. Il était en grand costume avec les insignes de ses dignités.

Cette statue a disparu il y a si longtemps, qu'il n'en est resté nul souvenir. Il est probable qu'elle aura été retirée de sa place bien avant la Révolution pour une cause quelconque. La *Description historique de la Cathédrale de Rouen*, par A.-P.-M. Gilbert, Rouen, 1837, p. 136, dit : *Elle a été détruite en* 1793. C'est une erreur : aucun témoignage n'a confirmé cette assertion.

Hoc Lodoice tibi posuit Brezœe sepulchrum
    Pictonis amisso mœsta Diana viro.
Indivulsa tibi quondam et fidissima conjux
    Ut fuit in thalamo sic erit in tumulo.

« O Louis de Brézé, Diane de Poitiers, désolée de la mort de son mari,
» t'a élevé ce sépulcre. Elle te fut inséparable et très fidèle épouse dans le
» lit conjugal ; elle te le sera de même dans le tombeau. »

Ces quatre vers latins qu'on lit sur un panneau de marbre, et qui semblent sortir de la bouche même de Diane, font naître un sourire railleur chez les lecteurs accessibles à la prévention. Ce que nous avons déjà dit constate la vérité pure. Quant à la promesse de fidélité jusqu'au tombeau, c'est là une hyperbole qu'admet la poésie, et que bien des occasions, dans le courant de la vie, peuvent réduire à sa juste valeur, sans effacer du cœur le sentiment qui se reporte légitimement sur un autre objet de tendresse.

Il faut considérer que l'intimité de Diane avec Henri II n'eut lieu, au plus tôt, que cinq ou six années après la mort de Louis de Brézé, son mari, et qu'il n'y manqua alors que la sanction légale, car le mariage du roi avec Catherine de Médicis ne se fit que plus tard.

Si nous en croyons Brantôme, dont la plume n'est pas accoutumée à la bienveillance, une circonstance solennelle découvrit toute la grandeur et la noblesse de son âme.

L'historien rapporte que le roi voulut reconnaître une fille qu'il avait eue de cette princesse. Elle s'y opposa : « j'étais née, lui dit-elle, « pour avoir des enfants légitimes de vous. J'ai été votre maîtresse « parce que je vous aimais, je ne souffrirai pas qu'un arrêt me « déclare votre concubine. »

A celui qui demeurera inflexible, nous rappellerons cette parole du Sauveur : « *Il lui sera beaucoup pardonné parce qu'elle a beaucoup* « *aimé.* »

Louis de Brézé mourut au château d'Anet, le 23 juillet 1531. Diane vécut alors retirée dans cette résidence. Mais après la mort de François Iᵉʳ, elle alla briller à la cour où elle avait été, très jeune, admise au nombre des filles d'honneur de la reine Claude, femme de celui-ci, et elle acquit bientôt un grand ascendant sur l'esprit de Henri II, son fils et son successeur, qui n'avait alors que treize ans. Elle inspira, ainsi que nous l'avons dit, la plus ardente passion à ce jeune roi, lequel lui prodigua publiquement pendant toute sa vie la vivacité constamment soutenue de ses sentiments et qui alla même jusqu'à adopter les couleurs du deuil de celle qu'il se plaisait à appeler sa belle veuve.

Diane, devenue duchesse de Valentinois par le don que le Roi lui fit de ce duché, a raconté sa propre histoire dans ces vers d'une naïveté charmante, qu'elle fit pour Henri II, et qui sont conservés dans les manuscrits de la bibliothèque impériale (1).

> Voicy vraisment qu'Amour un beau matin,
> S'en vint m'offrir flourette très gentille.
> Là, se prit-il, aournez vostre teint,
> Et vistement violiers et jonquille
> Me rejetoit a tant que ma mantille
> En estoit pleine et mon cœur se pasmoit,
> (Car, voyez-vous, flourette si gentille
> Estoit garçon frais, dispos et jeunet).
> Ains tremblottante et destournant les yeux...
> Nenni... disois-je — Ah ! ne screz deçue
> Reprit Amour, et soudain à ma vue
> Va présentant un laurier merveilleux.
> Mieux vault, lui dis-je, estre sasge que royne,
> Ains me sentis et fraimir et trembler.
> Diane faillit, et comprendrez sans peine,
> Duquel matin je praitends reparler.

M. le comte de Caraman, propriétaire actuel du domaine d'Anet, a imprimé cette pièce de vers avec de notables différences et sans indiquer la source où il l'a puisée, dans un opuscule dont nous avons déjà parlé, et qui a pour titre *Le Château d'Anet*.— Paris 1860.

Diane de Poitiers avait 60 ans, quand mourut si fatalement le roi Henri II, à l'âge de 41 ans, le 10 juillet 1559, sans que l'attachement de ce prince pour celle qui avait conquis toutes ses affections se fût jamais démenti.

(1) *Musée des Monuments français* par Alex. Lenoir, t. 4e, an 13. 1805, et *Description historique etc., des Monuments français* par le même.— Janvier 1806.

Cette fraîcheur de jeunesse, cette beauté ravissante que Diane conserva dans un âge où les ravages du temps se sont fait sentir ordinairement, parurent si extraordinaires, qu'il y eut dans ce siècle superstitieux, même des hommes graves, qui crurent à un effet d'invocations magiques chez une femme si privilégiée de la nature et des grâces. Elle survécut encore de six années à la perte de son royal amant, et mourut à l'âge de 66 ans, le 25 avril 1566.

Le testament de la duchesse de Valentinois existe dans le dépôt des manuscrits de la bibliothèque impériale, collection Brienne, sous le n° 308, pages 135 à 145. Il est daté du jour des Rois 1564; par conséquent, il est de deux ans antérieur à sa mort. Diane y exprime ses volontés avec une grande fermeté d'âme et d'esprit. Entr'autres dispositions, elle assigne une somme de 20,000 livres pour l'érection de son monument funéraire à *Annet* ou *Ennet*, prescrivant de *réunir son cœur à celui de son mari.*

L'hôpital d'Annet, qu'elle avait fondé, dût recevoir de nouvelles marques de sa bienfaisance, et le clergé de nombreux témoignages de sa libéralité et de sa piété.

Brantôme s'exprime ainsi au sujet de cette princesse illustre à tant de titres :

« Je la vis six mois avant sa mort, si belle encore que je ne sache
« cœur de rocher qui ne s'en fût ému, quoique quelque temps
« auparavant elle se fût rompue une jambe sur le pavé d'Orléans,
« allant et se tenant à cheval aussi dextrement et dispostement
« comme elle avoit jamais fait. Mais le cheval tomba et glissa sous
« elle. Il auroit semblé que cette rupture et les maux qu'elle
« endura auroient dû changer sa belle face; point du tout. Sa
« beauté, sa grâce et sa belle apparence étaient toutes pareilles

MAISON DE DIANE DE POITIERS, A ORLÉANS.

PORTRAIT DE HENRI II, PAR CLOUET, DIT JEANET.

« qu'elles avaient toujours été. C'est dommage que la terre couvre
« un aussi beau corps. Elle était fort débonnaire, charitable et au-
« mônière. Il faut que le peuple de France prie Dieu pour qu'il ne
« vienne jamais favorite de roi plus mauvaise que celle-ci, ni plus
« malfaisante. »

Il y a soixante-dix ans, lors de la Révolution, le domaine d'Anet
était possédé par la maison de Penthièvre. Il fut vendu en 1793.
comme bien national, et passa successivement aux mains de plusieurs particuliers. La duchesse-douairière d'Orléans, fille du duc de
Penthièvre, le racheta en 1820. Après sa mort, arrivée le 23 juin
1821, le duc d'Orléans, son fils, devenu roi depuis, sous le titre de
Louis-Philippe Ier, en hérita. Il le vendit en 1823 à M. Passy, rece-
veur général du département de l'Eure, lequel, en 1837, le revendit
à M. Dibon, manufacturier à Louviers. En 1840, M. Riquet.
comte Adolphe de Caraman, en devint à son tour possesseur. Il nous
est permis d'espérer que les précieux restes de ce séjour enchanteur
nous seront longtemps conservés par cet ami des beaux arts.

AVIS AU RELIEUR.

Première gravure : Vue générale du Chateau d'Anet, au frontispice.

Deuxième gravure : Tombeau de Louis de Brézé (Cathédrale de Rouen), en regard de la page 17.

Troisième gravure : Maison de Diane de Poitiers, a Orléans, en regard de la page 22.

Quatrième gravure : Portrait de Henri II, page 22, sous la 3ᵉ.

Le dessin de la première gravure et celui de la troisième appartiennent à M. L Desmarest, architecte du département de la Seine-Inférieure, qui en a fourni une quarantaine au *Magasin pittoresque* d'une égale perfection. Un petit nombre seulement porte son nom.

Celui de la troisième gravure est de M. Vaudoyer, architecte du Conservatoire des Arts-et-Métiers à Paris.